Fausto Novelli

L' Amore è qui e ora

A San, Anima preziosa

○ ✳ ○

Non il raccontarsi che siamo ESSERI SPIRITUALI, ma il riuscire a vivere pienamente, profondamente, L'ESSERE UMANO, DÀ SIGNIFICATO ALLO STARE QUI.

Maria Antonietta Scarafile

○ ✳ ○

Queste pagine sono dedicate a TE, prezioso ESSERE UMANAMENTE DIVINO, DIVINAMENTE UMANO.

Lascia che l'AMORE ti indichi la via che ti riconduce a LUI, perché è ciò che sei: TU sei AMORE.

L' AMORE trascende OGNI cosa.

Una delle forme di manifestazione dell'AMORE più potenti qui è il PERDONO, perché è un DONO che quando dispensato allontana da noi il senso di ingiustizia avvicinandoci all'AMORE più AUTENTICO.

Sei qui per AMARE.

Hai scelto di venire in questo MONDO per sperimentare ogni forma di questo AMORE UMANO. Lo hai fatto per poter giungere così alla comprensione dell'AMORE che tutto sa e che tutto può. Alla fine di questo *VIAGGIO* saprai di essere TU stessa l'*AMORE*.

Chi non ti dà AMORE ti ricorda la strada *smarrita* verso *CASA*.

Non ti crucciare se questo MONDO ti ha nutrito con poco AMORE: sei TU il NUTRIMENTO del MONDO.

TU sei una GENERATRICE D'AMORE, così non ti sorprendere se vengono a te coloro che non sono capaci di darne: sono attratti come falene dalla tua LUCE. Cosa ne farai di loro dipende da TE.

TU sei l'AMORE incarnato, quell'IMMENSO AMORE che si è fatto UOMO.

AMARE in modo TOTALE comprende il mettere da parte il giudizio.

Dare non necessariamente è la manifestazione dell'AMORE: a volte è solo figlio del dovere.

Sei QUI come ESEMPIO e per testimoniare cosa l'AMORE sia in grado di fare tra e agli UOMINI.

Osserva con gli OCCHI dell'AMORE e vedrai quanto è vasto l'OCEANO della SOLIDARIETÀ UMANA.

Resta in ascolto perché l'AMORE ti PARLA e al contempo si esprime attraverso di TE quando lo FAI.

SCOVA l'AMORE anche nelle esperienze umane che siamo soliti mal giudicare.

TUTTO è PERMEATO dall'AMORE, niente e nessuno ve ne è separato MAI.

TU sei l'AMORE che ha preso FORMA.

Là, dove le LACRIME DI GIOIA per la GIOIA altrui ti conducono, incontrerai la forma più POTENTE della CONDIVISIONE umana.

AMARE è desiderare col CUORE la GIOIA di TUTTI.

VITA e AMORE sono la medesima manifestazione di un AMORE INFINITO.

AMARE è guardare il PROSSIMO e vedervi l'ESSERE MERAVIGLIOSO frutto dell'AMORE nella sua TOTALITÀ.

TU sei AMORE in AZIONE.

Chiediti cosa farebbe l'AMORE, cosa direbbe l'AMORE, e poi comportati di conseguenza poiché TU SEI QUELL' AMORE.

Il MONDO ha bisogno tremendamente di te, AMORE incarnato.

Inizia a far caso a cosa L'AMORE UMANO fa ogni giorno per AMORE attraverso L'ESPRESSIONE UMANA di COMUNIONE e SOLIDARIETÀ.

Non cercare AMORE, sii AMORE.

Non TI manca nulla per rappresentare L'AMORE DIVINO in terra, per manifestarti sotto sua sembianza.

Non occorre sforzarti per essere TESTIMONIANZA DELL'AMORE, non hai mai smesso di esserlo.

SEI CAPACE DI RICEVERE E ACCOGLIERE AMORE nella misura in cui sei CAPACE e volenterosa di DARNE.

Sappi che l'AMORE che alberga in ognuno è UNO SOLO, l'UNICO: siamo SEMPRE in CONNESSIONE PROFONDA con TUTTI e TUTTO.

Un AMORE IMMENSO, apparentemente invisibile, ti SOSTIENE in TUTTO e per TUTTO.

Gli sforzi immani che fai per essere accettata sono il frutto della tua mancata consapevolezza riguardo al tuo immenso VALORE e POTERE: TU sei l'AMORE che TUTTO può.

Ogni persona che incontri diviene PROVA del tuo considerarti fonte di AMORE e dispensatrice di benedizioni, oppure no. Di fronte a chi è gentile passare la PROVA è semplice, ma è quando non lo è che affronti la PROVA DEL NOVE.

Essere AMORE o non essere AMORE, questo *NON* è il dilemma: dall'AMORE proveniamo, nell'AMORE viviamo e all'AMORE ritorniamo, SEMPRE.

AMARE gli altri è AMARE TE STESSA poiché nell'AMORE non vi è separazione.

Come UMANI, per VIVERE, respiriamo aria, come SPIRITI respiriamo AMORE. In entrambi i casi avviene in maniera spontanea, automatica: accade e basta.

Identificati pure con il tuo CORPO ma allo stesso tempo ricorda che sei la scintilla d'AMORE che gli dà vita.

In quanto AMORE siamo senza TEMPO: esistiamo, siamo esistiti ed esisteremo SEMPRE.

L' AMORE è quella parte di TE
che ti fa parte del TUTTO.

AMA e sii compassionevole in funzione del tuo essere umana: usa l'AMORE di questo MONDO come SACRO strumento per AMARE il tuo PROSSIMO.

Mentre dai AMORE al tuo PROSSIMO lo RICEVI TU STESSA: al di là del velo di separazione siamo UNO.

Prendi l'abitudine di vedere l'AMORE in azione in tutti coloro che INCONTRI e nel MONDO. È un ottimo allenamento per vivere una VITA in nome della GRATITUDINE e della GIOIA che porta con sé.

I PIANI dell'AMORE DIVINO non sempre vanno a pari passo con la COMPRENSIONE UMANA.

Tu sei il TRAMITE tra l'AMORE UMANO e l'AMORE DIVINO.

È calandoti nei panni dell'UOMO che comprendi Ľ UMANITÀ e l'AMORE che la muove.

Attraverso la FELICITÀ che CONDIVIDI manifesti L'AMORE che sei, che incarni.

AMA il tuo corpo, AMA la tua identità, AMA ciò che sei qui e che ti contraddistingue. AMA gli altri corpi, AMA la loro identità, AMA ciò che sono QUI e che li contraddistingue. Questo AMORE dà i suoi frutti in questa porzione di universo predisposto alla loro fioritura: fanne tesoro, nutrilo, vivilo, perché è uno dei più grandi MIRACOLI a NOSTRA disposizione.

AMA e sii DISPONIBILE verso
il prossimo nella misura in cui
senti di farlo.

Non sempre è un BENE *intromettersi:* le esperienze sono state scelte perché contengono in loro una potenziale MANIFESTAZIONE dell'AMORE.

Sei qui per fare la tua PARTE e contribuire a dare VITA a questo meraviglioso e immenso spettacolo chiamato AMORE.

Prima farai tesoro dell'immenso potere dell'AMORE e prima lo manifesterai divenendone testimonianza.

Il SOLE continua a splendere, sia che per noi sia giorno o che sia notte, e così fa l'AMORE: è sempre presente, anche quando ce ne sentiamo privi o immeritevoli.

L' AMORE DIVINO e l'AMORE di questo MONDO sono l'uno FONTE dell'altro.

Quando realizziamo che qui è TUTTO in funzione dell'AMORE, ci avviciniamo sempre più ALL'AMORE DIVINO.

Quanto può essere spettacolare l'AMORE. DONATI, dona l'AMORE che sei. Porta SORRISI dove vengono meno, ABBRACCI a chi si sente abbandonato e parole di CONFORTO, STIMA e GIOIA ovunque ti troverai ad essere, poiché più ti DONI e più ti sarà dato di DONARE e di GODERE di ciò che DONI.

Sei immensamente AMATA, ricordalo SEMPRE: quando sei nello sconforto ti sia da ABBRACCIO a farti sentire che non sei sola, MAI.

Quanto è potente l'AMORE lo leggi negli occhi di chi riacquista la SPERANZA grazie a chi con quell'AMORE, lo sostiene fino a risollevarlo.

L' AMORE e la GRATITUDINE procedono di pari passo, SEMPRE.

Il nostro PASSAGGIO su questa terra è sempre accompagnato dall'AMORE.

L'AMORE è un DIVENIRE incessante.

VIVENDO facciamo di un *AMORE DIVINO* un *AMORE TERRENO* per poi fare di quell'*AMORE TERRENO* un *AMORE DIVINO*.

Ľ AMORE è IMMENSO e rende POSSIBILE ogni cosa.

Non vi è nulla che non sia AMORE, tutto ciò che ESISTE è suo frutto.

Siamo MESSAGGERI dell'AMORE DIVINO qui in missione e al contempo siamo PORTAVOCE del MONDO.

AMARE senza condizioni è la via più diretta per giungere alla comprensione di ciò che siamo: AMORE.

Osserva ciò che ti circonda trasformarsi quando utilizzi il CUORE, l'AMORE, come punto di vista.

AMA il tuo PROSSIMO e aiutalo nella misura in cui ti fa RICHIESTA del tuo aiuto.

AMARE è riconoscersi AMORE e riconoscere nell'altro se stessi.

AMA a modo tuo, AMA come sai AMARE, AMA nel modo in cui a tua volta desideri ESSERE AMATA e non accontentarti di meno.

Datti con tutta TE STESSA, non risparmiare neppure una goccia del TUO AMORE, perché più ne versi e più te ne sarà versato.

AMA e non pensarci.

L' AMORE trascende e permea OGNI cosa.

L' AMORE è la CELEBRAZIONE
più alta della GIOIA.

L'AMORE si inchina nel riconoscere in TE, se stesso.

Tutti noi abbiamo bisogno di SENTIRCI AMATI. Manifesta il tuo AMORE in ogni sua forma e lascia che gli altri, ricambiandolo, ti arricchiscano allo stesso modo.

Sentirsi AMATI e fare sentire AMATI è uno dei DONI più grandi che si possa ricevere e fare ad un ESSERE UMANO.

L'AMORE è il legante di questo MONDO.

La RICOMPENSA dell'AMORE è l'AMORE STESSO: ESSO è RICCHEZZA che si manifesta in OGNI forma e aspetto.

Quando AMI qualcuno MANIFESTAGLIELO così che a sua volta possa MANIFESTARTI il suo AMORE.

SII sempre pronta a *RINFACCIARE* l'AMORE.

Lascia sempre dove passi
almeno un attimo del tuo
AMORE.

AMARE è scegliere OGNI giorno di vedere il bello in OGNI cosa e in OGNUNO.

E quando ti commuovi di fronte alla FELICITÀ degli altri, stai facendo ritorno alla tua quintessenza: l' AMORE che si nutre dello stesso AMORE.

Non sei qui per dimostrare che L' AMORE esiste, sei qui per esserne TESTIMONIANZA, per incarnarlo affinché possa manifestarsi qui in questo MONDO.

L'AMORE trasforma le tue debolezze in RISORSE per dare FORZA ad ogni punto della tua VITA, trasformandole in PUNTI DI FORZA.

L' AMORE UMANO ha qualcosa che L'AMORE DIVINO può sperimentare grazie lui: la compassione e l'essere mossi a volere il BENE persino di qualcuno a noi estraneo.

Considera l'immenso POTERE che un gesto fatto con amore può originare: a volte un SORRISO ad un passante trasforma la sua giornata, e quando lo RICAMBIA trasforma la nostra.

AMA e AMATI senza risparmiarti.

Quando piangi di GIOIA per te, per chi ami e per chi neppure conosci, versi lacrime che sono frutto di quell'AMORE che rende il MONDO un posto migliore in cui vivere, e ti avvicini sempre più a ciò che è chiamato PARADISO.

Sii GENTILE, parla con il CUORE in mano e ascolta con AMORE: tre dei doni più preziosi per L'UOMO.

Sia l'AMORE il tuo vangelo, la GIOIA il tuo stendardo, la TESTIMONIANZA la tua VITA.

AMA, AMA più che puoi con tutte le tue forze e con tutto l'AMORE che hai in corpo, perché quando lascerai questo MONDO porterai con TE una ed una sola cosa: l'AMORE, che hai saputo DARE e che hai PERMESSO di darti.

SEI IMMENSAMENTE AMATA,
ANIMA PREZIOSA.

Questo libro parla di AMORE, parla di TE, parla di ME, parla di NOI TUTTI: la FORZA in grado di edificare il PARADISO in TERRA.

○ ✳ ○

L' *AMORE* miracolosamente mi ha messo in mano una penna e mi ha detto: *Scrivi!*
Così ho fatto.

Fausto Novelli

○ ✳ ○

Ringraziamenti

Grazie Guido, perché il tuo microfono mi ha permesso di dare voce all'Amore.

Grazie Silvia, perché il tuo silenzio mi ha portato a cercare queste parole.

Grazie MatTEO, perché la tua Amicizia schietta e autentica ha contribuito a dare forma al tutto.

Grazie Maria Antonietta per il tuo pensiero.

Grazie a te che stai leggendo e sai che per non omettere nessuno avrei dovuto scrivere altrettante pagine per i saluti, così come sai, tu che mi conosci, che anche se il tuo nome non è scritto qui lo è nel mio cuore.

Grazie all'AMORE che tutti SIAMO, SIAMO STATI e SEMPRE SAREMO.

Scritto tra il 9 e l'11 ottobre 2023, immerso in una full immersion di storie che mi hanno confermato che il genere umano è qualcosa di profondamente divino, commuovendomi fino alle lacrime, di gioia, di speranza, fiducioso del fatto che, nonostante il mondo viva il suo inferno, sapremo sempre ricostruire il nostro paradiso.

Con Amore immenso

Fausto Novelli

Printed in Great Britain
by Amazon

30167667R10115